AF603654

VENTE DU LUNDI 8 DÉCEMBRE 1913

HOTEL DROUOT, SALLE N° 12

à deux heures

OBJETS D'ART, DE CURIOSITÉ

ET D'AMEUBLEMENT

Faïences et Porcelaines, Tableaux et Gravures

MINIATURES, BOITES, OBJETS DE VITRINE, OBJETS VARIÉS

BRONZE, FER, CUIVRE, ARGENT, MÉTAL

SCULPTURES

Bois, Marbres, Terres cuites, Pendules, Glaces

TENTURES & TAPIS, ÉTOFFES, DENTELLES

FILETS, FILS TIRÉS

APPARTENANT A MONSIEUR X...

EXPOSITION PUBLIQUE

LE DIMANCHE 7 DÉCEMBRE 1913

De 2 heures à 6 heures

COMMISSAIRE-PRISEUR

Me ANDRÉ COUTURIER

Successeur de M. LÉON TUAL

56, rue de la Victoire

EXPERT

M. GEORGES GUILLAUME

13, rue d'Aumale

PARIS

CONDITIONS DE LA VENTE

Elle sera faite au comptant.

Les adjudicataires paieront *dix pour cent* en sus des enchères.

Paris. — Imp. de l'Art, Ch. Berger, 41, rue de la Victoire.

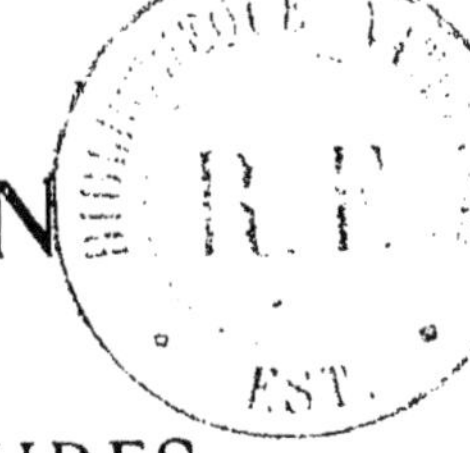

DÉSIGNATION

TABLEAUX, GRAVURES

1 — Bourguignon (Genre du). Choc de cavaliers. Dessus de porte en longueur.

2 — Charpentier (D'après). Enfance et adolescence de Paul et de Virginie. Deux gravures coloriées. Cadres en acajou.

3 — Vinci (École de Léonard de). La Joconde. Panneau. Cadre en bois sculpté et doré.

4 — École française. Le Curieux. Toile. Cadre noir mouluré.

5 — École de 1830. Saint Jean ; la Fête de la grand'mère. Deux panneaux au petit point et à la gouache. Cadres dorés.

6 — École hollandaise. Vaches au pâturage. Panneau. Cadre doré.

7 — École hollandaise. La Ménagère. Panneau. Cadre noir gaufré.

8 — École hollandaise Seigneur en pourpoint noir, à large col. Panneau. Cadre en bois mouluré.

9 — École hollandaise. Intérieur de cathédrale. Panneau encadré.

10 — École espagnole. Saint Pierre. Toile encadrée.

11 — École espagnole. Enfants en buste. Deux toiles se faisant pendants. Cadres en bois sculpté et doré.

12 — École espagnole. Sujets de fables. Quatre scènes superposées sur panneau de bois.

13 — École italienne. Buveurs ; Musiciens. Deux toiles encadrées, se faisant pendants.

14 — École primitive de Séville. Le Christ et les larrons. Cadre en bois mouluré.

15 — Inconnu. Le Voyage en Egypte. Gouache et broderie. Cadre en bois et bronze.

16-17 — Lot de petits panneaux encadrés. : Gravures et lithographies. (Sera divisé.)

PORCELAINES

FAIENCES, CÉRAMIQUES

18 — Paire de vases en porcelaine de Paris, à décors de dorures sur fond rose. Époque Empire.

19 — Jardinière oblongue et évasée en porcelaine de Paris, à dorures. Époque Empire.

20 — Tête-à-tête en porcelaine de Chine polychrome, décoré de personnages en relief et comprenant : un plateau, deux tasses et deux soucoupes, théière, sucrier et pot à lait.

21 — Deux flacons et deux plus petits, forme Bouddha, en porcelaine de Chine décorée.

22 — Assiette et petit beurrier à plateau adhérent en ancienne porcelaine de la Compagnie des Indes, à fleurs et écusson.

23 — Petite soupière couverte, avec plateau en faïence, genre Montereau, décorée de sujets en grisailles. Époque 1830.

24 — Soupière couverte en ancienne faïence du Midi, à fleurs; bouton à fruits.

25 — Encrier en ancienne faïence blanche d'Alcora, orné d'un chien en relief.

26 — Encrier, forme étoile, en ancienne faïence blanche d'Alcora, à reliefs.

27 — Cruche en ancienne faïence d'Alcora, à bec-mascaron ; décor bleu en relief, avec inscription.

28 — Compotier en ancienne faïence de Talavera, à décors bleus de feuillage et lambrequins.

29 — Vase à anses en faïence de Talavera, décoré de fleurs et portant la date : *1843* ; support en fer forgé.

30 — Grande soupière couverte et sa cuiller en ancienne faïence espagnole, à décor de feuillage et palmes en violet manganèse ; inscriptions au couvercle et au fond.

31 — Grand pot en faïence espagnole, à feuillages polychromes ; socle en fer forgé.

32 — Grand pot muni d'une anse en faïence espagnole, décoré de sujets de chasse ; socle en ancien fer forgé.

33 — Encrier, forme lapin, en faïence espagnole, décorée, portant une inscription et la date : *1856*.

34 — Encrier, à colonnettes détachées, en ancienne faïence espagnole.

35 — Deux grands vases pansus en faïence italienne, décorés de bustes en réserve sur fond bleu à feuillage.

36 — Vide-poche en faïence italienne, à décors polychromes en relief d'enfants montés sur des lions.

37-38 — Lot de pièces diverses en terre de pipe anglaise. Réchauds, jardinières, assiettes, etc. (Sera divisé.)

39 — Grande amphore gréco-romaine en grès, sur socle en fer forgé.

40 — Autre de même style, plus petite, également avec son socle en fer forgé.

BOITES, MINIATURES
OBJETS DE VITRINE
OBJETS VARIÉS

41 — Miniature sur ivoire : Portrait d'homme; cadre à perles. Époque 1830.

42 — Miniature sur ivoire encadrée : Portrait d'homme en habit rouge.

43 — Petite miniature-pendentif ovale : Profil d'homme à perruque poudrée; cadre en argent.

44 — Petite peinture sur cuivre : Portrait de femme en costume Louis XIII; cadre en bois doré.

45 — Deux peintures religieuses sur onyx; cadres mouvementés en bois sculpté et doré.

46 — Petit fixé ovale encadré : Fumeur, d'après TENIERS.

47 — Petit flacon en cuivre émaillé et doré, décoré de fleurs et paysages.

48 — Ancien émail, de forme semi-ovoïde; cadre en marqueterie de bois et d'ivoire.

49 — Parure en acier ajouré, comprenant broche, plaque de ceinture et agrafe.

50-51 — Lot d'éventails anciens et modernes. (Sera divisé.)

52 — Boîte Louis XV en cuivre émaillé, décorée de personnages.

53 — Boîte de style Louis XV en cuivre émaillé, décorée de sujets en grisaille sur fond vert à dorures.

54 — Boîte en poudre d'écaille, décorée, au couvercle, d'une miniature sur ivoire: pastorale.

55 — Boîte circulaire en bois décoré au vernis, présentant une tête de vieillard au couvercle.

56 — Tabatière Louis XVI en cuivre guilloché, doublée d'écaille.

57 — Autre, rectangulaire, en cuivre ciselé, ornée d'attributs divers.

58 — Tabatière, forme oiseau, en argent doré.

59 — Boîte en maroquin repoussé et doré, doublée de damas vert.

60 — Boîte rectangulaire en marqueterie de paille, à sujets divers.

61 — Boîte-poudreuse, à glace intérieure, en marqueterie de bois de couleur simulant un palais et datée : *1773*. Travail espagnol.

62 — Coffret en bois recouvert de tôle ajourée et décorée au vernis de fleurs et dorures.

63 — Ancien pichet en verre de Venise gravé, émaillé et doré.

64 — Vase en verre opalin, décoré d'un écusson royal, avec inscription.

65 — Deux anciens hochets en argent repoussé et gravé.

65 — Petit volume illustré : Règle de Saint Benoît ; reliure en argent repoussé.

67 — Quatre volumes illustrés : Officium corporis ; reliure en maroquin gaufré à dorures et garni d'argent.

68 — Tambourin, décoré au vernis de scènes diverses, réservées sur fond doré, et disposées en rayonnement. Époque du Second Empire.

69 — Plateau ovale Louis XV en bois, décoré au vernis d'un paysage sur fond marron.

BRONZE, CUIVRE, MÉTAL
ARGENT, FER

70 — Petit mortier en bronze ciselé et son pilon. XVIe siècle.

71 — Mortier en bronze ciselé, avec son pilon. XVIe siècle.

72 — Grand mortier en bronze ciselé, portant une inscription et la date : *1798*, pied en fer forgé.

73 — Ancien reliquaire en bronze ciselé.

74 — Encrier, de style Louis XV, en bronze doré, présentant un bosquet abritant un groupe en porcelaine décorée. Il est disposé en lampe et préparé pour l'électricité.

75 — Encrier en cuivre, à trois récipients couverts.

76 — Petit miroir Empire, formé d'un paon, en bronze, sur socle en marbre.

77 — Plat en cuivre repoussé, présentant un buste au fond.

78 — Ancienne coupe-brasero en cuivre, munie d'anses.

79 — Porte-huilier, de style Louis XV, en métal argenté; burettes en cristal.

80 — Plat à barbe en métal argenté.

81 — Petit plat rond Louis XV en argent repoussé.

82 — Vide poche rectangulaire Louis XV en argent ciselé et ajouré.

83 — Paire de flambeaux Louis XV en argent ciselé, à rocailles.

84-85 — Lot d'objets variés en ancien fer forgé : écrans, lustres, appliques, etc. (Sera divisé)

SCULPTURES

BOIS, MARBRE, TERRE CUITE

PENDULES, GLACES

86 — Sculpture en marbre blanc, sur socle en marbre noir, représentant un Amour endormi. Commencement du XIXe siècle.

87 — Bas-relief en marbre polychrome et doré : Sujet religieux. Cadre noir mouluré.

88 — Deux anciennes statuettes de paysans en terre cuite peinte, sur leurs gaines en bois.

89 — Plaque de revêtement en stuc, présentant une vue d'Italie en grisaille. Cadre en bois.

90 — Groupe de personnages en bois dur du Japon.

91 — Statuette en bois sculpté polychrome : Femme vêtue d'un costume Louis XIII.

92 — Statuette en bois sculpté polychrome et doré, représentant un seigneur. Ancien travail espagnol.

93 — Buste-reliquaire de femme en bois sculpté polychrome et doré, portant en bas une inscription gothique.

94 — Figurine d'aigle, avec socle, en bois sculpté polychrome. XVIe siècle.

95 — Figurine d'aigle en bois dur sculpté et doré, les yeux formés de pierres de couleur.

96 — Pendule Louis XIII, à grand carillon, en bois sculpté orné de bronzes, portant la marque : *Webster, London.*

97 — Petite pendule-religieuse en bois sculpté, peint et doré, garnie de bronzes et portant la marque : *Ferrot et Thuillier, à Genève.*

98 — Pendule, forme lyre, en bois sculpté orné de bronzes. Époque Restauration.

99 — Porte-montre Renaissance en bois sculpté polychrome, décoré de personnages et rocailles.

100 — Paire d'appliques Régence en bois sculpté et doré, préparées pour l'électricité.

101 — Grand rabot ancien en bois dur sculpté.

102 — Petit trumeau de glace Empire; cadre en ronce, orné de fixés et garni de bronzes.

103 — Trumeau de glace, présentant, sur le cadre, des sujets et ornements divers en bois sculpté et doré. Époque Empire.

104 — Trumeau de glace, à cadre en placage de marbre tendre et orné de fixés en haut et en bas.

105 — Harpe en bois sculpté et doré, portant la marque : *Dodd, London*. Commencement du XIXe siècle.

106 — Colonne Renaissance en bois naturel sculpté, à enroulements de pampres.

107 — Deux petites portes Renaissance en bois sculpté et peint blanc, offrant des ornements en dorure, à rinceaux et entrelacs.

MEUBLES ET SIÈGES

ANCIEN PIANO A QUEUE

108 — Piano à queue en bois fileté, portant la marque : *Broderip et Wilkinson, London.* Fin du XVIIIe siècle.

109 — Grand lit en bois sculpté, à décor en dorure sur fond rouge. Travail espagnol de la Renaissance.

110 — Lit Directoire en bois sculpté et laqué blanc, à rosaces et petits panaches.

111 — Haut de vitrine Régence en bois sculpté et bronzes, et munie de deux portes.

112 — Ancien cabinet, de style chinois, en bois sculpté, orné de laque rouge et or, avec son support rectangulaire. Travail vénitien.

113 — Petite desserte à étagères en acajou, munie de trois tiroirs, foncée de glace et couverte d'un marbre blanc. Style Louis XVI.

114 — Deux consoles d'angle en bois sculpté, ajouré et doré. Travail espagnol du XVIIIe siècle.

115 — Console en acajou avec application de bois sculpté et doré ; l'entrejambe est foncé d'une peinture sur toile : Sujet chinois.

116 — Table à jeu Louis XVI en bois de placage, marquetée d'un damier au-dessus.

117 — Table à jeu Louis XVI en marqueterie de bois de placage, à quadrillages sur fond clair.

118 — Table à jeu demi-lune en bois de placage et bronzes.

119 — Table Empire, de forme rectangulaire, en bois de placage fileté, ceinturée de cuivre et munie d'un tiroir.

120 — Ancienne horloge à gaine en bois naturel mouluré ; cadran en bronze ciselé, marquée de *Jourdain*, *London*.

121 — Petit lavabo rond en acajou, posant sur colonnettes baguées de bronze. Époque Empire.

122 — Ancienne malle en cuir, ornée de clous dorés.

123 — Ancien paravent à huit grandes feuilles ornées de dorures, ainsi que de peintures : animaux et fleurs.

124 — Grande banquette en bois dur sculpté, à trois dossiers-médaillons et ornée de motifs contournés. Travail italien de la Renaissance.

125 — Six fauteuils en bois sculpté et laqué blanc, à dossiers-médaillons. Époque Louis XVI.

126 — Deux fauteuils Louis XVI en bois sculpté, à dossiers-médaillons ; ils sont couverts de tapisserie à personnages, animaux et fleurs.

127 — Quatre escabeaux en bois dur sculpté, à pieds-chimères ; les dossiers ornés de sujets mythologiques. Travail italien de la Renaissance.

TAPIS, ÉTOFFES, DENTELLES

FILETS, FILS TIRÉS

128 — Ancien tapis d'Orient, à dessins réguliers sur fond gros bleu et bordure blanche.

129 — Fragment d'ancien tapis persan, à décors grenats sur fond vieux rose.

130 — Importante garniture de lit en ancien satin brodé du Japon, présentant des pagodes, personnages et décors divers ; elle comprend : un couvre-lit, un fond de lit et un lambrequin.

131 — Couvre-lit en satin blanc brodé de soie de couleurs à fleurs, et présentant un coq au centre.

132 — Couvre-lit en toile ancienne, orné d'applications de couleurs, a feuillages et animaux.

133 — Panneau en broderie de soie de couleurs, à motifs fleuris et chimères.

134 — Tapis en toile brodée de soie de couleurs, présentant un oiseau.

135 — Chape Louis XV en tissu de soie et d'or.

136 — Bandeau de drap rouge, décoré de broderies d'argent.

137 — Tapis en ancien velours, à ornements multicolores de feuillage sur fond cerise.

138 — Coussin en ancien velours rouge, avec galon en dentelle dorée et orné, au milieu, d'un écusson appliqué.

139 — Trois blouses en ancienne toile brodée.

140-141 — Lot de coupons d'étoffes anciennes : damas, satin, taffetas, etc. (Sera divisé.)

142-143 — Lot de panneaux anciens en soieries brodées ou au petit point. (Sera divisé.)

144-145 — Lot de bretelles brodées anciennes, pièces perlées et autres. (Sera divisé.)

146 — Couvre-lit, composé de petits carrés en filet et toile brodée à jour, présentant des décors d'animaux, chimères, etc.

147 — Couvre-lit composé de grands carrés de filet, décorés de sujets variés : personnages et animaux.

148 — Grand couvre-lit ancien en filet, à personnages, chimères et fleurs.

149-150 — Lot de beaux bandeaux en filet brodé à dessins variés. (Sera divisé.)

151-152 — Lot de tapis et napperons en ancien fil tiré. (Sera divisé.)

153 — Couvre-lit, formé de bandes de broderie blanche ajourée.

154-155 — Lot de broderies anglaises. (Sera divisé.)

156-157 — Lot d'anciennes dentelles : Milan, Malines, etc. (Sera divisé.)

158 — Objets omis.

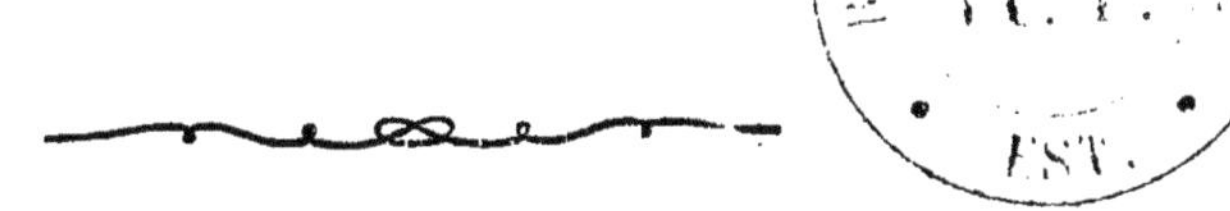

www.ingramcontent.com/pod-product-compliance
Ingram Content Group UK Ltd.
Pitfield, Milton Keynes, MK11 3LW, UK
UKHW021042260726
13994UKWH00005B/2317

9 782329 500942